MONIKA PETERS · ICH BRAUCHE DIE NÄHE VON WEITE

Monika Peters

Monika Peters

ICH BRAUCHE DIE NÄHE VON WEITE

Gedichte und Aphorismen

Stallberg Verlag

Edition Pegasus
Deutsche Literatur
der Gegenwart XXIV

I.

Begegnung

Ein Vogel

Ein Vogel bin ich
in deiner Hand,
das Herz voll Süden.

Laß mich los,
wenn du mich
halten willst.

Ich brauche
die Nähe von Weite.

Meine Gedichte

Ich möchte
Gedanken sammeln
und Worte
wie schimmernde Perlen

sie zärtlich
auf eure
Gefühle sticken

und manchmal
die Nadel
darin belassen

Begegnung

Mein Ich geht fremd,
sucht sich den Weg
aus der Sprachlosigkeit,
betritt die Brücke
auf Zehenspitzen,
tastet dein Wort ab
und dein Gesicht

und fühlt
leise Ankunft von Nähe.

Zuflucht

Du hast
mein Rufen gehört
mir Einlaß gewährt
in die Burg Vertrauen

Hinter uns
schließt sich
die Mauer des Schweigens

Meine Worte

Meine Worte
Fische aus hauchdünnem Glas
im Fluß der Zeit

die kleinen
fallen durch euer Netz
mir auf den Grund

die großen
halte ich dort zurück

Springender Punkt

Ich weiß
ich bin
das schwarze Schaf

der Fleck
auf eurer
Augenweide

Mein Anderssein
macht Freudensprünge

Sommersprossen

Auf
Fingerspitzen
kletter' ich jetzt
zu dir
hinauf in dein
sonnenübersätes
Gesicht
– immer gleich
zwei Sprossen
auf einmal –
damit du weißt

wir sind
in allen Punkten
einig

Bazillust

Einmal
mich so richtig
kranklachen
können

und dann
alle anderen
anstecken

Übermut

Heute klingeln wir
mal tüchtig
an der blankpolierten Moral
unseres Nachbarn
Und wenn seine Tugend
dann entrüstet
mit dem Zeigefinger droht

springt unser Lachen
mit beiden Beinen
von einem Fettnäpfchen
ins andere

Unbeirrt

Über spitze Zungen
und Spießruten hinweg
trage ich
meine Gelassenheit
leise lächelnd
zu dir Geliebter

mitten
durch die Steine
des Anstoßes

Warnung

Mein Gemüt
hat sich lange
vor euch
geduckt

Es duckt sich
noch immer
aber nur noch
zum Sprung

Die Lüge

möchte ich
anhalten können
wie die Zeiger
der Uhr

sie leise
richtigstellen
bis ans Ende
der Zeit

daß dir und mir
nur noch
die Stunde
der Wahrheit schlägt

Hab' gelernt

Es sind
die Verwundungen
die mich gelehrt haben
nie mehr mit dem Kopf
durch die Wand
zu gehen

sondern mit Köpfchen

Gewohnheit

tropft endlos
in meinen Tag.

Wie schaffe ich
es nur,
den Hahn abzustellen?

Wie gehabt

Irgendwo
in diesem Himmelbett
meiner Gedanken
verführt die Illusion
glückselig
meine Unvernunft

und ich geh wieder
schwanger mit der
verflixten Hoffnung

Spielverderber

Immer
wenn ich mir
meine Träume
ausmale
in bunten
schillernden Farben

platzt
garantiert
das Leben herein
und kleckst
mir dazwischen

Gnädig

Meine Wünsche
segeln in der Luft
mein Herz
ein Mövenschrei
im Wind

Du
wirfst ihm
ein paar Wortbrocken zu

Chauvi

Er probt den Aufstand
gegen die Frau
zieht sich an ihr hoch
in Ermangelung eigener Größe
schwenkt die Fahne Männlichkeit
aufgebläht auf ihrem Rücken
und verleiht sich
den Orden der Großartigkeit
gleich schulterklopfend selbst

nach jedem Sieg
über seine Intelligenz

Ausbruch

In meiner Tiefe
schlummert ein Vulkan

Manchmal
wenn die Spannungen
unerträglich werden
beginnt es in mir
zu brodeln

Dann drängt es empor
dann muß es heraus
dann schleudere ich
sie dir ins Gesicht

die Wahrheit

Eines Tages

Eines Tages
segele ich dir davon
ganz federleicht
und stolz wie ein Schwan
um meine eigenen Kreise
zu ziehen

Dir bleibt das Nachsehen

Nicht abzuschütteln

Es gibt Augenblicke
da möchte ich
einfach aufstehen
davonlaufen
loslassen
und neu beginnen

Doch wo ich auch ankomme
bin ich schon da
und erwarte mich

Manchmal mit offenen
Armen

Depressionen

Ich fühle die Schatten
wachsen
dumpfe Traurigkeit
faßt mich an
Davonlaufen will ich
und kann es nicht mehr

Am Tage schon
hat mich die Nacht eingeholt

Aufreibend

Immer
dieses Wundscheuern
aneinander
und dieses Frieren
von innen

wenn aus Nähe
Enge entsteht
und durch Reibung
Kälte

**Ende
eines Märchens**

Mein Prinz
hat sich
zum Frosch
gewandelt

Tausche
Luftschloß
gegen
Schneckenhaus

Der Himmel

wieder mal
nicht standgehalten
zerbrochen
und splitternd
abgestürzt
in meine Tiefe

Die Scherbe Illusion
schneidet ins
eigene Fleisch

Warum

Über das rote Kleid
der Liebe
streife ich langsam
den grauen Mantel
des Vergessens.

Aber warum
springt nur immer
wieder ein Knopf auf?

Gezeiten

Die Flut
der Gefühle
vorüber

Das Wasser
zieht sich
behutsam zurück

am Horizont
verschwimmt
dein Gesicht

langsam
verebbt
der Schmerz

Rück näher

Rück näher
Welt
du bist so kalt

ich möchte dir
etwas Wärme
einhauchen

II.

Die Zeit trägt schwarz

Letzte Zuflucht

Es läutet Sturm
an unserem Gewissen

Draußen steht
erschöpft
die Natur

und bittet
um Einlaß

Artenvielfalt

Was leben darf
was nicht
in Wald und Flur
bestimmt der Mensch

und löst die Vielfalt
durch die Einfalt ab

Tiefflug

Unter
den Schwalben
über
den Baumwipfeln
probt
der Düsenjäger
wieder
den Ernstfall

Für das
schreiende Baby
für den
zitternden Hund

ist er soeben
eingetreten

Feuerbestattung

Wir haben den blühenden
Garten Erde
in einen Scheiterhaufen
verwandelt

die Lunte Zeit
wird ihn bald zünden

wir sitzen
obenauf und

warten

Blümerant

Dieser Gedanke,
daß sie im Sterben
liegt, die gute
alte Mutter Natur,
macht mir angst.

Und was
legen wir ihr
aufs Grab?

Alptraum

Eingehüllt
in meinen Schadstoffmantel
verlasse ich
nach einem prüfenden Blick
durch das Ozonloch
mein Sauerstoffzelt

wandere atemlos
über Müllberge hinweg
durch den sauren Regen
und sammele
die letzten Atompilze

tanker

wieder läuft
der tod aus

die zeit
trägt schwarz

das meer
erhält
die letzte ölung

Wie man sich aussperrt

Langsam
fällt die Tür ins Schloß
zu unserem Lebensraum.
Wir sehen zu.

Nur –

innen steckt der Schlüssel.

Zielscheibe

In mir
das Weinen
der Erde

die Furcht
vor dem Messerwerfer
Zeit

Bei jedem Wurf
krümmt sich
mein Herz

Mut

Sich immer wieder
beugen müssen
– wie ein Halm –
den Stürmen des Lebens

Sich immer wieder
aufrichten
– wie er –
zu voller Größe
und weiter wachsen

In der Dämmerung

In der Dämmerung
tanzen
die Irrlichter

wachsen
die Zweifel
zu riesigen Schatten

Zwiespältig

gehe ich
mit mir
in die Einsamkeit

Hinterher
sind wir wieder
eins

III.

Inselzeiten

Hoffnung

ein kleines Licht
in der Dunkelheit,
das der Himmel
brennen läßt,
damit wir Menschenkinder
keine Angst haben.

Inselzeiten

Abends
wenn die Wogen des Tages
sich glätten
gleite ich auf eine Insel
vergrabe meinen Wortschatz
bade in glitzernder Tiefe
schichte die Niederlagen auf
und entzünde ein Feuer

Da wärmen sich dann meine
Träume

Abend am Wasser

Der Wind schläft schon
in den Weiden
die Gräser nicken
leise ein

Am Ufer des Teiches
verschwimmt die Ralle
im Schilf

Die Frösche
rufen den Mond zum Bade

Am Fenster

Sternübersät
das Gesicht
der Nacht

Laternen
mit leuchtenden
Augen

Liebende
umschlungen
von Zuversicht

und ich allein
mit meiner
schlaflosen Sehnsucht

Nächtlicher Himmel

Nächtlicher Himmel
streust zärtlich
Sterne ins Meer

Ich fische Hoffnung

Morgentau

Die Nacht
hat sich leise
verabschiedet.

Von den Schultern
der Gräser
perlen noch
ihre Tränen.

Frühlingsmorgen

Ich liebe
dieses sanfte Erwachen
des Gartens

sein Blinzeln
in das frühe Licht

das Gesicht
noch feucht
von den Kro-Küssen
des Frühlings

Und wieder

durchweht mich
lichter Mai,
der tief an meine
Wurzel rührt,
der Träume zärtlich
sprießen läßt
und der mich hebt
und fortträgt
wie ein Blütenblatt

in unruhige Zeiten.

Ein Sommertag

Ein Sommertag
auf Schwalbenflügeln.
Wiesenduft
und Schmetterlinge.
Sonnenfinger auf
der Haut.

Ich knöpfe
meine Seele auf.

Blütezeit

Nur bei dir
kann ich mich öffnen
wie eine Blume

und meine ganze Liebe
zärtlich verströmen

Flüchten

aus der Atemlosigkeit
Zeit
in die eigene Tiefe

Träume pflücken
auf dem Wege
nach innen

und hoffen
auf der bunten Wiese
der Gedanken
wieder einmal
sich selbst zu begegnen

Kokon

Sanft umgarnt
von Sonnenfäden
eingesponnen
in seidige Träume
spür ich den Wandel

Schmetterlingsleicht
wachsen mir Flügel

Hallo Nachbar

Dein Blick klettert
über den Gartenzaun,
watschelt durch meine
Gänseblümchen, reitet
auf dem Huflattich herum,
bleibt prompt an
meinen Disteln hängen,
verheddert sich auch noch
im Brombeerstrauch,
stolpert über mein Lachen

und nimmt Reißaus
vor meinen Löwenzähnen.

Ertappt

Funkelnde
Schatzkammer
Leben

Heut' stehle ich mir
das Glanzstück
Zeit

Schon droht
der Zeigefinger
der Uhr

Die Tage

Die Tage
fallende Kalenderblätter
welk gewordenes Laub
angehäuft im Kopf

ein Windstoß
genügt

schon raschelt es
in der Erinnerung

Herbst

Dieser aufgeblasene Kerl!

Kommt ganz cool
in meinen Garten,
wirft mit Blattgold
nur so um sich
und glaubt,
er erobert mich
damit im Sturm!

Oktober

Pausbäckiger Herbst.
Die Bäume windzerzaust.
Blätter mit roten Gesichtern
spielen sich müde.

Über dem Acker hängt
abends ein Nebel-Schal.
Der Igel sucht eine Mütze
voll Schlaf.

Dezember

Der Wind blättert
nicht mehr in den Bäumen.
Der Herbst hat das Lesen
raschelnd beendet.

Still nimmt der Winter
das Heft in die Hand
und stöbert
in schneeweißen Seiten.

IV.

Ich atme die Welt ein

Leere Worte

Leere nicht endende Worte
die mich zum Tode verurteilen
binden an das Gesetz
der Höflichkeit
einsperren in die Folterkammer
der Gesellschaft
wo man Augen und Ohren bewacht
das Mienenspiel kontrolliert

Meine Gedanken
stehlen sich heimlich davon
nehmen Urlaub auf Ehrenwort
um pünktlich aufs Stichwort
zurückzukehren

doch ich suche den Himmel
durch die Gitter der Seele
und warte verzweifelt auf Amnestie

Verschluckt

Ich nehme mir
die Pressefreiheit
sagt die Zeitungsente
in einem Meer
von Druckerschwärze
die Wahrheit
zu ergründeln

damit kein Körnchen
übrigbleibt

Programmänderung

Da sitzen sie
vor dem Fernsehgerät
täglich
Stunde um Stunde
mundtot nebeneinander
und inhalieren
fremdes Leben

Das eigene
wurde abgesagt

Jagdglück

Auf der gefährlichen
Kreuzung
macht der Zufall
die alte Dame
zur leichten Beute

Um sie herum
schart sich
mit gierigen Blicken
das Rudel
hungriger Wölfe

Schlußverkauf

Kopf an Kopf
ins lukrative Ende
der Saison
der preisbewußte Feind
wühlt in dem letzten Nerv
rafft die billigen Vorteile

an den Kassen
giften die Schlangen
Lautsprecher preisen
lauter Gelegenheiten
überall Ware
massenhaft herausgenommen
die Ellenbogenfreiheiten
an Tischen in Taschen
lange Finger
zahlen drauf
oder sich aus
und jeder spart
so gut er kann

Geld
Anstand

Schlankheitskur

Tag für Tag
bewußt kochen.

Woche für Woche
konstant wiegen.

Monat für Monat
gezielt hungern.

Ich hab's satt !!

Hindernis

Ich bin
der Stein
auf meinem Weg

Ich muß
mich überwinden

Der Labile

ein unverankertes Boot
schwankend und treibend
dem Spiel der Wellen
ausgesetzt

Der Charakterfeste

eine knorrige Eiche
in einem Meer
von Halmen
die sich
dem Winde beugen

Scheideweg

Brav
mußt du sein
angepaßt
und gehorsam
sagte meine Mutter
dann wirst du
deinen Weg
im Leben machen

Frei
will ich sein
ungezwungen
und selbstbewußt
sagte ich
und machte mich
auf den Weg
zu mir selbst

Bekanntgabe

Die Milch
eurer frommen Denkungsart
trinke ich nicht mehr
radiere aus
was ihr mir beizeiten
hinter die Ohren
geschrieben habt
stelle meine Füße nicht
mehr unter euren Tisch
lege sie lieber
auf meinen eigenen

und falls ihr mich
besuchen wollt
in meinem demontierten
Schneckenhaus
dann stolpert besser nicht
über die abgebaute
Hemmschwelle

Letzter Halt

Ich schwimme
gegen den Strom

Manchmal
durchfluten mich
Zweifel und Angst

Dann bin ich
mein Strohhalm

Erwachsenen-Motto

Natürlich mögen wir Kinder
natürlich sollen sie spielen
natürlich können sie lärmen

aber natürlich nicht hier

An mein Kind – blauäugig

Unter deiner
munteren Unbefangenheit
und deiner wachen Neugier
schlummern noch arglos
alle Bedenken

Auf Zehenspitzen
trage ich meine Verantwortung

Vom Loslassen

Ich hüte noch
die Leichtigkeit
mit der du gehst
dich umdrehst
winkst
und lachst

und begrabe
einen Traum
unter dem Stein
auf der Brust

Kleine Bitte

Irgendwann
am Ende meiner Tage
gebt mir
ein stilles Plätzchen
mit etwas Sonne
Immergrün und
vielen bunten Blumen
und einer Bank
die einlädt zum Verweilen

irgendwo
in eurer Erinnerung

Leben

Dieser eine
kostbare Atemzug
Zeit

Ich hole
ganz tief Luft

INHALTSVERZEICHNIS

Im Stallberg Verlag, Alfter bei Bonn,
erschienen 1985-92:

Erhard Hix: "Bogen und Saite – Gedichte".
Sankt Augustin 1985
ISBN 3-923151-15-2

Erika Trakehnen: "40 Jahre danach – Erinnerungen an Ostpreußen", Sankt Augustin 1985
ISBN 3-923151-19-5

* **Ernst-Edmund Keil:** "Augen-Blicke früh, Gedichte
1955-63", Sankt Augustin 1986
ISBN 3-923151-20-9

Erhard Hix: "Suchen und Sinnen, Gedichte",
Sankt Augustin 1986
ISBN 3-923151-22-5

Ernst-Edmund Keil: "Rückkehr nach Ithaka, Gedichte 1984-86", Sankt Augustin 1986
ISBN 3-923151-21-7

* **Ernst-Edmund Keil:** "Nachdichtungen I, Psalmen (Auswahl)", Sankt Augustin 1986
ISBN 3-923151-24-1

* **Ernst-Edmund Keil:** "Nachdichtungen II, Das Hohe Lied"
ISBN 3-923151-25-X

Erika Trakehnen: "Nachschrapsel, Erinnerungen an Ostpreußen II",
St. Augustin 1986
ISBN 3-923151-23-3

Ernst-Edmund Keil: "Hommage à Kafka" und andere Prosa-Etüden, St. Augustin 1988
ISBN 3-923151-28-4

Erhard Hix: "Konzert und Kontrast", Gedichte, St. Augustin 1988
ISBN 3-923151-27-6

* **Jutta Hübinger:** "Unhaltbares Dasein", Gedichte, Alfter 1989
ISBN 3-923151-29-2

Ernst-Edmund Keil: "Rückkehr an die Ahr", Prosa 1988-89, Alfter 1990
ISBN 3-923151-30-6

Marlis Hillebrand: "Schritte auf Glas", Gedichte, Alfter 1990
ISBN 3-923151-32-2

Said-Ali Akbarie: "Der Schrei... und andere afghanische Geschichten" Erzählungen, 87 S., Alfter 1990
(Edition Pegasus, Literatur im Asyl I)
ISBN 3-923151-33-0

Erhard Hix: "Erbe und Echo" Gedichte, Alfter 1991
ISBN 3-923151-34-9

Marlis Hillebrand: "Eine Schale Worte", Gedichte, Alfter 1992
ISBN 3-923151-35-7

Alle Titel sind lieferbar über den Buchhandel
* = vergriffen